SCHOLASTIC explora tu mundo™

Pájaros

Penelope Arlon y
Tory Gordon-Harris

Explora un poco más con el libro digital complementario gratis.

Descubre cómo puedes convertirte en un observador de aves.

Para descargar el libro digital, visita el sitio de Internet en inglés **www.scholastic.com/discovermore**

Escribe este código: RMGNRCGX9T4D

Contenido

4 ¿Qué es un ave?

6 Colores vivos

8 Las plumas

10 ¡Por el cielo!

12 ¡No sé volar!

14 Picos brillantes

16 Supersentidos

18 Patas fantásticas

20 Aves de presa

22 Los nidos

24 Los huevos

26 ¡Los polluelos!

28 Campeones

30 Glosario

32 Índice

Literacy Consultant: Barbara Russ, 21st Century Community Learning Center Director for Winooski (Vermont) School District

Natural History Consultant: Kim Dennis-Bryan, PhD

Originally published in English as *Scholastic Discover More™: Birds*

Copyright © 2014 by Scholastic Inc.

Translation copyright © 2015 by Scholastic Inc.

All rights reserved. Published by Scholastic Inc., *Publishers since 1920*.

SCHOLASTIC, SCHOLASTIC EXPLORA TU MUNDO™, and associated logos are trademarks and/or registered trademarks of Scholastic Inc.

ISBN 978-0-545-76978-5

10 9 8 7 6 5 4 3 2 1   15 16 17 18 19

Printed in Malaysia   108

First Spanish edition, January 2015

Scholastic hace esfuerzos constantes por reducir el impacto ecológico de nuestros procesos de manufactura.
Para ver nuestras normas para la obtención de papel, visite www.scholastic.com/paperpolicy.

¿Qué es un ave?

Las aves son los únicos animales que tienen plumas. Todas las aves tienen alas, y la mayoría vuela. Las aves tienen dos patas y un pico.

Las aves, como estos abejarucos esmeralda, se cantan unas a otras.

Todas las aves ponen huevos. La mayoría cuida los huevos hasta que nacen los polluelos.

El pájaro dinosaurio

¿Sabías que las aves son parientes de los dinosaurios? Algunos dinosaurios tenían plumas como las aves.

Colores vivos

¡Hay más de 10.000 especies de aves!

diamante babero

azulejo de las montañas

colibrí de Ana

jilguero amarillo

tángara rojinegra migratoria

carpintero pico picapinos

búho comudo

secretario

ánade real

tucán pico iris

herrerillo común

pinzón purpúreo

pinzón vulgar

diamante de Gould

colibrí rufo

guacamayo rojo

pavo real común

faisán

martín pescador común

flamenco

gallina Wyandotte

pato mandarín

lori arcoíris

7

Las plumas

Busca plumas en el suelo.
¿Sabes para qué se usa
cada una de ellas?

**Las plumas
pueden ser
aceitosas para
mantener a las
aves secas.**

pluma
larga
del ala

pluma
suave del
cuerpo

pluma
dura de
la cola

Las plumas tienen diferentes funciones.

Las plumas largas de las alas son para volar. Las duras plumas de la cola permiten cambiar la dirección del vuelo.

Las plumas suaves y finas del cuerpo protegen al ave del frío. No dejan escapar el calor del cuerpo.

¡Algunas aves usan sus plumas para presumir! El pavo real exhibe las bellas plumas de su cola.

El color de las plumas de algunas aves actúa como camuflaje, ayudándolas a ocultarse en el suelo.

¡Por el cielo!

¿Hacia dónde vuelan los pájaros? Vuelan en busca de comida, para viajar o para escapar del peligro.

Los vencejos vuelan a gran distancia cada año. Ese viaje se llama migración. ¡Hasta duermen en el aire!

El colibrí mueve sus alas tan rápido que puede flotar en el aire mientras bebe el néctar de las flores.

El pingüino no vuela: usa sus alas como aletas para "volar" en el agua.

El pájaro agita las alas arriba y abajo. Así empuja el aire hacia abajo y sube. ¡A volar!

Las aves voladoras tienen huesos huecos. Así son más ligeras para volar. ¡El esqueleto de un ave puede pesar menos que sus plumas!

esqueleto de paloma

pico hueco

paloma

¡No sé volar!

Algunas aves no pueden volar, ¡pero hacen otras cosas!

ñandú

El kiwi, de Nueva Zelanda, no necesita volar. No tiene enemigos naturales.

Los pingüinos son las aves que mejor nadan. También caminan y se deslizan sobre el hielo.

El casuario corre y nada. ¡Y algunos saltan el doble de su altura!

El avestruz es el ave más grande del mundo. Es muy grande para volar, ¡pero corre como un caballo de carreras!

cormorán de las Galápagos

emú

pato vapor

calamón takahe

Picos brillantes

Cada ave tiene un pico con la forma ideal para comer su comida preferida. Algunos picos sirven para atrapar peces y otros para romper nueces.

El largo pico del tucán lo ayuda a ahorrar energía. ¡Puede alcanzar muchas frutas sin moverse!

¡Hay picos de todas las formas y tamaños! Las aves los usan para limpiarse y pelear tanto como para comer.

gavilán:
desgarra
la carne

pelícano australiano:
atrapa peces

frailecillo atlántico:
agarra a los peces

flamenco:
filtra agua

guacamayo
azulamarillo:
rompe nueces

kiwi: detecta
los insectos

ánade real:
come en el agua

pinzón real:
rompe semillas

Supersentidos

Las aves tienen sentidos muy agudos. ¡Algunas ven y oyen mejor que los seres humanos!

La lechuza tiene un oído un poco más elevado que el otro para ubicar de dónde viene el ruido. Luego vuela en silencio hacia su presa.

búho de cara
blanca

El martín pescador ve bien bajo el agua. Así pesca mejor.

¡La hembra del pingüino rey oye a su polluelo entre miles!

El buitre siente el olor de los animales muertos que come.

Las cigüeñas sienten los peces que pasan cerca de su pico.

Gracias a su aguda vista y oído, la lechuza común atrapa ratas que se come enteras.

Patas fantásticas

Las alas de las aves son bellas, pero sus patas también son fabulosas.

El pollo tiene dedos con garras duras para escarbar la tierra.

La garza tiene dedos largos y finos para caminar sobre el lodo.

El pinzón tiene tres dedos hacia delante y uno hacia atrás para agarrarse.

El emú tiene tres dedos gruesos para correr y patear.

El pato tiene patas palmeadas, es decir, tiene piel entre los dedos.

El águila tiene unas garras muy fuertes para atrapar a sus presas.

Este piquero tiene patas palmeadas azules.

Las aves de presa son excelentes cazadoras. Sus picos curvos y garras afiladas las ayudan a atrapar a sus presas.

Hay unas 200 especies de lechuza. Sus plumas les permiten volar en silencio para atrapar a sus presas.

El águila pescadora se lanza al agua desde 60 pies (18 m) de altura para capturar peces.

Aves de presa

milano real

gavilán común

búho cornudo

halcón

gavilán

Esta águila calva tiene alas de 7,5 pies (2 m) de largo que le permiten volar a gran velocidad o planear suavemente.

El secretario caza animales pequeños, incluso serpientes. Los aplasta con sus grandes patas.

Los buitres comen animales muertos grandes. No tienen plumas en el cuello para no ensuciarse al comer.

Los nidos

En el nido los huevos y los polluelos están seguros. ¡Algunas aves hacen nidos increíbles!

Las aves construyen nidos con ramitas y materiales suaves como pelos de animales.

Diferentes nidos

Algunas aves hacen nidos redondos en los árboles. Usualmente ambos padres ayudan.

Los búhos buscan huecos en los árboles para hacer sus nidos.

El tejedor cuelga su nido de una rama. ¡Y hace la puerta en la parte inferior!

¡Las cigüeñas hacen nidos en las chimeneas!

Los frailecillos cavan una madriguera que forran con hojas, hierbas y algas.

Algunas aves no hacen nidos. Ponen sus huevos en el suelo.

Los huevos

El polluelo crece dentro del huevo. El huevo debe estar caliente y protegido hasta que nace la cría.

La yema del huevo es el alimento del polluelo hasta que nace.

De huevo a ave

petirrojo   codorniz   pollo

emú

En la primavera, una hembra de herrerillo construye un nido en un árbol con musgo, pelos y plumas.

La madre pone un huevo al día. Se echa sobre ellos para darles calor.

La madre y el padre dan de comer a las crías.

Tras 19 días de cuidados, los polluelos están listos para abandonar el nido.

Los polluelos rompen el cascarón y salen a las dos semanas. Nacen ciegos y sin plumas.

¡Los polluelos!

gaviota

Los polluelos son lindos, ¡pero dan mucho trabajo! Muchos necesitan el cuidado de sus padres hasta que les salen plumas de adulto.

Los flamencos y sus crías viven en grandes grupos para proteger a los polluelos.

periquito

patito

gorrión

búho

pingüino rey adulto

Algunas aves nacen cubiertas de plumón fino que se les cae cuando les salen las plumas de adulto. A este proceso se le llama muda.

cría de pingüino rey

¡Los polluelos tienen que aprender rápido! Cuando les salen las plumas de las alas, se lanzan desde el nido. ¡Y tienen que aprender a volar antes de llegar al suelo!

Campeones

Pico más raro

¡El pico del colibrí picoespada es más largo que su cuerpo!

Pluma más larga

La pluma de la cola del argo real mide casi 6 pies (1,8 m) de largo.

Viaje más largo

El charrán ártico viaja 50.000 millas (80.000 km) cada año en su viaje de ida y vuelta entre el Ártico y la Antártida.

Volador más pesado

La avutarda kori tiene el peso de un niño de cinco años. Es el animal volador más pesado.

Más plumas

Los cisnes tienen más plumas que cualquier ave. ¡Pueden tener 25.000 plumas!

Más rápido

El halcón peregrino es el animal más veloz de la Tierra. Vuela en picada a 200 mph (320 kph).

28

Ave más pequeña

El pájaro mosca es un colibrí tan pequeño que casi es del tamaño de una abeja.

Pico más largo

El pico del pelícano australiano puede medir 18,5 pulg. (47 cm).

Mejor hablador

El yaco puede repetir cientos de palabras. También silba e imita el sonido de distintos aparatos.

Más apestoso

El hoacín, que vive en la Amazonia, es muy apestoso. ¡Huele a caca de vaca!

Más chillón

El campanero rojo produce un sonido que se oye a 0,5 millas (0,8 km) de distancia.

Yaco

Closario

agitar
Mover algo de un lado
a otro frecuente y
rápidamente.

agudo
Se dice de un sentido
muy desarrollado. El
águila tiene una vista
aguda.

ave de presa
Ave que mata a otros
animales, incluso a
otras aves, para
comérselos.

calvo
Que no tiene pelo
o plumas.

camuflaje
Coloración natural
que tienen algunas
aves y otros
animales y que les
sirve para
confundirse con su
entorno.

esqueleto
Conjunto de huesos que
sostienen y protegen el
cuerpo de un animal.

garra
Uña larga, dura y afilada
de las patas de las aves.

hueco
Que tiene un espacio
vacío dentro.

madriguera
Agujero en la tierra que
sirve de refugio a un ave
o a otro animal.

migración
Viaje que las aves y
otros animales realizan
cada año en busca de
comida, para ir a tener
sus crías o para huir
del frío.

muda
Proceso en el que se le
caen las plumas a un
ave para que le salgan

otras nuevas. Los polluelos mudan las plumas cuando se convierten en adultos.

néctar
Líquido dulce que tienen las flores. Algunas aves se alimentan de néctar.

palmeada
Pata en la que los dedos están conectados por una membrana.

pico
Parte saliente y dura de la boca de un ave.

planear
Deslizarse suavemente por el aire sin mover las alas.

pluma
Cada una de las partes suaves que cubren y protegen el cuerpo de las aves.

presa
Animal al que otro animal caza y mata para comérselo.

romper el cascarón
Cuando los polluelos están listos para nacer, rompen el cascarón y salen del huevo.

yema
La parte amarilla del huevo.

Índice

A

abejaruco esmeralda 4–5
águila 18, 21
águila calva 21
águila pescadora 20
alas 4, 8, 9, 10–11, 18, 21, 27
alimentar 25
ánade real 6, 15
argo real 28
ave de presa 20–21
ave no voladora 10, 12–13
avestruz 12–13
avutarda kori 28

B

búho 6, 17, 21, 23, 27
búho de cara blanca 16–17
buitre 17, 21

C

campanero rojo 29
camuflaje 9
cantar 4
casuario 13
charrán ártico 28
cigüeña 17, 23
cisne 28
colibrí 6, 7, 10, 29
colores 6–7, 9
comer 14, 15, 17, 21
comida 10, 14, 24
correr 13, 18

D

dedos 18
dinosaurio 5
dormir 10

E

emú 13, 18, 25
esqueleto 11

F

flamenco 6–7, 15, 26–27
flotar 10
frailecillo 23
frailecillo atlántico 15

G

gallina 7
garras 18
garza 18
gavilán 15, 21
guacamayo azulamarillo 15

H I J

halcón 21, 28
halcón peregrino 28
herrerillo común 25
hoacín 29
huesos 11
huevos 5, 22, 23, 24–25

K

kiwi 13, 15

L

lechuza 16, 17, 20

M

martín pescador 7, 17
migración 10
muda 27

N Ñ O

nacer 5, 24–25
nadar 13

P Q R

pájaro mosca 29
paloma 11
patas 4, 18–19,
patas palmeadas 18, 19
pato 6, 7, 13, 15, 18, 27
pavo real 7, 9
pelícano australiano 15, 29
pico 4, 11, 14–15, 17, 20, 28, 29
pingüino 10, 13, 17, 27
pingüino rey 17, 27
pinzón 6, 7, 15, 18
pinzón real 15
piquero patiazul 19
plumas 4–5, 8–9, 11, 20, 21, 25, 26–28
pollo 7, 18, 25
polluelo 5, 17, 22, 24–27

presa 16, 18, 20

S

secretario 6, 21
sentidos 16–17

T U

tejedor 23
tucán 6, 14–15

V W X

vencejo 10
volar 4, 10–11, 28

Y Z

yaco 29

Créditos

Alamy Images/William Leaman: 24; Corbis Images/Gerard Lacz/age fotostock Spain S.L: cover main; Dreamstime: 8 bc (Alexander Potapov), cover bg silhouettes (Inna Ogando), cover main bg (Kyeong Hee Hwang), cover eagle (Lorna); Fotolia: 18 bl (AVD), 7 flamingo (coffeemill), 29 br (Farinoza), 6 secretary bird body (Martin Kemp), 15 buzzard (Silken Photography), 18 tl (Vera Kuttelvaserova); Getty Images: 28 br (Konrad Wothe/Minden Pictures), 4 inset (Lightening Language), 4 bg, 5 bg (Shakyasom Majumder); iStockphoto: 25 bl (abadonian), 21 tr (AlbyDeTweede), 6 bg stick, 7 bg stick (AndreaAstes), 6 great spotted woodpecker, 7 blue tit, 7 common kingfisher, 10 bl, 17 tl, 18 tr, 21 tl (Andrew_Howe), 11 bc, 29 t (Antagain), 21 bcr (Barcin), 17 cl (cglade), 17 tc (charliebishop), 13 tr, 15 Australian pelican, 29 cr (Craig Dingle), 7 pheasant (DamianKuzdak), 9 bcl, 15 mallard duck (DanCardiff), 7 wyandotte (DebbiSmirnoff), 15 brambling (DelmotteVivian), 9 tcr (DrPAS), 16 bg, 17 bg (Estate of Stephen Laurence Strathdee), 23 bc (EVAfotografie), 6 Anna's hummingbird, 6 azulejo de las montañas, 7 rufous hummingbird, 10 bc, 20 t bg, 21 t bg (Frank Leung), 21 bcr (Frizi), 6 great horned owl, 6 diamante babero, 7 chaffinch, 7 Gouldian finch, 7 Indian peafowl, 7 rainbow lorikeet, 9 t, 13 bcl, 15 kiwi, 15 blue-and-yellow macaw, 20 bcl, 27 owl (GlobalP), 27 r penguin (globestock), 28 bl (guenterguni), 10 t bg, 11 t bg (hadynyah), 17 cr (hakuna_jina), 15 flamingo (hollandphotos), 28 tr (HPuschmann), 25 tl (IBushuev), 6 American goldfinch (jeminijoseph), 28 bc (jimkruger), 6 secretary bird head, 23 cr (Johan Swanepoel), 13 tl (JohnCarnemolla), 7 red-and-green macaw (Kaphoto), 13 tc (KeithSzafranski), 27 c penguin (leksele), 27 l penguin (Matt Naylor), 9 br (merlinpf), 6 scarlet tanager, 13 bl (MichaelStubblefield), 6 bg grass, 7 bg grass (MikhailMishchenko), 8 bl (miolsluz), 19 (MindStorm-inc), 12 br (Musat), 18 br (OVasik), 7 mandarin duck (PanuRuangjan), 5 b inset bg (PaulaConnelly), 15 Atlantic puffin (Pauline S Mills), 25 cl (Prensis), 9 bl (Rainlady), 8 br (rekemp), 17 tr (RichLindie), 25 tcl (Robert Kirk), 11 bl (Roberto A Sanchez), 6 keel-billed toucan (RodrigoBlanco), 18 tc, 25 tr (RollingEarth), 7 purple finch (RonLacey), 6 mallard duck, 21 tcl, 21 tc (rusm), 21 tcr (ryttersfoto), 5 t inset (stevenallan), 27 sparrow (szefei), 23 bl (tirc83), 14 bg, 15 bg (TommL), 20 br (tunart), 9 bcr (twilightproductions), 18 bc (valentinrussanov), 9 tcl (weible1980); Life on White: cover owl; Nature Picture Library/Anup Shah: 26 main, 27 bg; Science Source: 28 tl (Anthony Mercieca), 29 bl (Art Wolfe), 10 br (Bryan and Cherry Alexander), 28 tc (Fletcher & Baylis), 29 bc (Gregory G. Dimijian, M.D.), 5 b inset fg (Julius T. Csotonyi), 29 cl (Kevin Elsby/FLPA), 11 br (Phil Degginger); Shutterstock, Inc.: 16 l owl (Alfredo Maiquez), 21 bl (Andre Coetzer), 25 br (bf.photo), 17 br (bikeriderlondon), 23 br (BMJ), 8 bg, 9 bg, 30, 31 (BOONCHUAY PROMJIAM), 20 t fg (Critterbiz), 12 bg, 13 bg (Dominique de La Croix), 21 br (eClick), 1 main, 10 t fg, 11 t fg (Eric Isselee), 26 inset (Florian Andronache), 23 t birdhouse, 32 birdhouse (GTibbetts), 27 br (Inna Astakhova), 22 bg (irin-k), 13 br (Jeff Banke), 25 tcr (Jiri Hera), 8 t (Johannes Dag Mayer), 1 bg (Krivosheev Vitaly), 20 bcr (LorraineHudgins), 27 parakeet (Marina Jay), 16 r owl, 17 bl (Mark Bridger), 20 bl (Mark Medcalf), 27 duckling (mast3r), 2 toucan, 14 toucan, 15 toucan (Natali Glado), 21 bcl (nelik), 22 main, 23 t bird, 32 bird (Steve Byland), 12 main (svetara), 23 c (swakopphoto.com), 23 cl (tlorna), 3 bird, 25 cr (Victor Tyakht), 25 bc (YK).